Markus Becker

ENNEAGRAMM

TYPEN-TEST

CLAUDIUS

19. Auflage 2022

www.claudius.de

Umschlaggestaltung: Sibylle Schug, München
Satz: Diamond Graphics, Augsburg
Gesetzt aus der Frutiger LT 57 Condensed
Druck: Plump Druck & Medien GmbH, Rheinbreitbach

ISBN 978-3-532-62396-1

Inhalt

Zur Einführung

Der vorliegende *Enneagramm-Typen-Test (ETT)* ist ein nach wissenschaftlichen Kriterien entwickelter Persönlichkeitstest. Der Test besteht in der Bewertung von 115 Aussagen. Diese Aussagen beschreiben Verhaltensweisen, Einstellungen, Gefühle oder allgemeine Beobachtungen. Sie können auf einer Skala von 0 bis 6 ausdrücken, wie sehr eine Aussage auf Sie zutrifft, also „typisch" für Sie ist (0 = trifft überhaupt nicht zu, 1 = trifft überwiegend nicht zu, 2 = trifft eher nicht zu, 3 = trifft teilweise zu, 4 = trifft eher zu, 5 = trifft überwiegend zu, 6 = trifft voll und ganz zu). Prüfen Sie dabei die durchgängigen, „übergreifenden" Muster Ihres Lebens. Passt diese Aussage zu mir oder passt sie nicht?
Überlegen Sie ruhig einen Moment, aber grübeln Sie nicht lange darüber nach, ob Sie einen Punkt mehr oder weniger geben. Es geht um die spontane Reaktion, ob die Aussage „typisch" für Sie und Ihr Leben ist. Dabei gibt es keine „richtigen" oder „falschen" Antworten. Bitte beantworten Sie *alle* Fragen! Wenn eine Fragestellung auf Sie nicht ganz zutrifft, kreuzen Sie in der Skala bitte den Wert an, der Ihnen am ehesten passend erscheint.

Haben Sie alle Fragen beantwortet, blättern Sie bitte weiter bis zur *Testauswertung* auf Seite 15 und lesen Sie die Anweisungen zur Auswertung.

Die Beschreibungen der neun Typen des Enneagramms ab S. 24 sind äußerst knapp und dienen lediglich einer ersten Orientierung. Um Ihre Testergebnisse verstehen und einschätzen zu können, empfehlen wir die detaillierten Beschreibungen aus *Richard Rohr/Andreas Ebert, Das Enneagramm. Die 9 Gesichter der Seele, Claudius Verlag* hinzu.

Bitte erst alle 115 Fragen beantworten, dann Streifen rechts nach hinten falten und Auswertung vornehmen.	←→ stimmt nicht stimmt
1. Das Leben gelingt besser, wenn man das Positive sieht, anstatt sich am Negativen aufzuhalten.	0 1 2 3 4 5 6
2. Ich kann auch emotional sehr angespannte Situationen nüchtern und mit Abstand betrachten.	0 1 2 3 4 5 6
3. Ich arbeite gerne innerhalb einer Institution.	0 1 2 3 4 5 6
4. Wichtig an einem Menschen ist, dass er etwas „darstellt".	0 1 2 3 4 5 6
5. Ich möchte unabhängig sein.	0 1 2 3 4 5 6
6. Am wichtigsten ist mir, dass sich die Menschen bei mir wohlfühlen.	0 1 2 3 4 5 6
7. Für mich ist es wichtig, die Zukunft zu planen, damit ich weiß, was auf mich zukommt.	0 1 2 3 4 5 6
8. Wenn jemand meine Hilfe braucht, bin ich bereit, meine ganze Kraft für ihn einzusetzen.	0 1 2 3 4 5 6
9. Ich möchte leidenschaftlich, emotional und mit allen Sinnen leben – auch wenn es schmerzt.	0 1 2 3 4 5 6
10. Eigene und fremde Unvollkommenheit kann ich nur schwer ertragen.	0 1 2 3 4 5 6
11. Erfolg und Status (Orden, Ämter, Titel) spielen für mich eine große Rolle.	0 1 2 3 4 5 6
12. In der Liebe sind vor allem Anstand und Benehmen wichtig.	0 1 2 3 4 5 6
13. Ich kann mich gut auf die Erfordernisse einer neuen Situation einstellen.	0 1 2 3 4 5 6
14. Ich engagiere mich für Randgruppen, Benachteiligte und Rechtlose (Asylsuchende, Kinder in der 3. Welt, Ausländer etc.).	0 1 2 3 4 5 6
15. Das Leben ist wie ein Theaterstück, bei dem ich gleichzeitig Zuschauer und Schauspieler bin.	0 1 2 3 4 5 6
16. Für mein berufliches Fortkommen bin ich bereit, Ehe, Familie oder Freunde hintanzustellen.	0 1 2 3 4 5 6
17. Mich plagt oft ein schlechtes Gewissen.	0 1 2 3 4 5 6
18. Ich habe den Eindruck, dass sogenannte „Autoritäten" oft inkompetent sind, aber ich zögere meist, gegen sie vorzugehen.	0 1 2 3 4 5 6
19. Ich lasse die Dinge gerne auf mich zukommen – vieles regelt sich dann schon ganz von alleine.	0 1 2 3 4 5 6
20. Ich muss wissen, wohin ich gehöre.	0 1 2 3 4 5 6
21. Ich genieße es, die Aufmerksamkeit anderer zu erregen und im Mittelpunkt zu stehen.	0 1 2 3 4 5 6
22. Ich halte meinen Ärger oft zurück.	0 1 2 3 4 5 6
23. Ich habe das Gefühl, nie „ganz erfüllt" sein zu können.	0 1 2 3 4 5 6
24. Oft erahne ich, was in anderen vorgeht, bevor sie es aussprechen.	0 1 2 3 4 5 6

Nach Beantwortung aller Fragen
HIER NACH HINTEN UMFALTEN
und Auswertung vornehmen

Tragen Sie hier bitte Ihre Werte ein

Frage Nr.	Eins	Zwei	Drei	Vier	Fünf	Sechs	Sieben	Acht	Neun
1									
2									
3									
4									
5									
6									
7									
8									
9									
10									
11									
12									
13									
14									
15									
16									
17									
18									
19									
20									
21									
22									
23									
24									
Übertrag									
Typ	Eins	Zwei	Drei	Vier	Fünf	Sechs	Sieben	Acht	Neun

Bitte erst alle 115 Fragen beantworten, dann Streifen rechts nach hinten falten und Auswertung vornehmen.

	stimmt nicht ⟷ stimmt
25. Wenn ich etwas tue, dann meist mit Begeisterung.	0 1 2 3 4 5 6
26. Ich muß jemanden schon sehr gut kennen, bevor ich ihn an meinem Privatleben teilnehmen lasse.	0 1 2 3 4 5 6
27. Für mich ist es wichtig, daß immer „etwas los" ist.	0 1 2 3 4 5 6
28. Es fällt mir leicht zu teilen.	0 1 2 3 4 5 6
29. Ich schätze es, komplexe Zusammenhänge in einfachen Bildern auszudrücken.	0 1 2 3 4 5 6
30. Manchmal überschwemmt mich eine ungewisse Angst.	0 1 2 3 4 5 6
31. Wenn mir Projekte oder Beziehungen zu langweilig sind oder „nichts mehr bringen", gebe ich sie auf.	0 1 2 3 4 5 6
32. Auch beim Spiel ist es mir am wichtigsten zu „gewinnen".	0 1 2 3 4 5 6
33. Für neue Ideen und ungewöhnliche Gedanken kann ich mich begeistern.	0 1 2 3 4 5 6
34. Viele Menschen schütten bei mir ihr Herz aus.	0 1 2 3 4 5 6
35. Ich vermeide auffälliges, abweichendes Verhalten.	0 1 2 3 4 5 6
36. Ich bin besonders sensibel.	0 1 2 3 4 5 6
37. Bei sich widersprechenden Sachverhalten erscheinen mir oft beide Seiten gleich einleuchtend.	0 1 2 3 4 5 6
38. Ich habe das Gefühl, etwas an mir zu haben, was mich von anderen Menschen absondert.	0 1 2 3 4 5 6
39. „Wenn mir das Leben saure Zitronen liefert, mache ich eben Limonade daraus".	0 1 2 3 4 5 6
40. Ich bringe meine guten Ideen oft nicht zu Papier und Projekte, die ich im Kopf habe, bleiben oft in der Planung stecken.	0 1 2 3 4 5 6
41. Ich setze mich eher herab, als dass ich meine Fähigkeiten irgendwie zeige.	0 1 2 3 4 5 6
42. Viele Menschen oder Nähe empfinde ich (auch wenn es schön ist) als anstrengend: Ich brauche danach einige Zeit des Alleinseins zum „Auftanken".	0 1 2 3 4 5 6
43. Wenn einer meiner Freunde ein Problem hat, spreche ich ihn darauf an.	0 1 2 3 4 5 6
44. Man wirft mir vor, in persönlichen Beziehungen besonders dramatisch zu sein.	0 1 2 3 4 5 6
45. Es ist wichtig, sich gut zu „verkaufen".	0 1 2 3 4 5 6
46. Ich glaube, dass andere Menschen meine tiefen Gefühle missverstehen.	0 1 2 3 4 5 6
47. Ich drücke meinen Ärger spontan aus und dann ist die Sache für mich auch erledigt.	0 1 2 3 4 5 6

Nach Beantwortung aller Fragen
HIER NACH HINTEN UMFALTEN
und Auswertung vornehmen

Tragen Sie hier bitte Ihre Werte ein

Frage Nr.	Eins	Zwei	Drei	Vier	Fünf	Sechs	Sieben	Acht	Neun
Übertrag									
25									
26									
27									
28									
29									
30									
31									
32									
33									
34									
35									
36									
37									
38									
39									
40									
41									
42									
43									
44									
45									
46									
47									
Übertrag									
Typ	Eins	Zwei	Drei	Vier	Fünf	Sechs	Sieben	Acht	Neun

Bitte erst alle 115 Fragen beantworten, dann Streifen rechts nach hinten falten und Auswertung vornehmen.

	stimmt nicht ⟷ stimmt
48. Ich fühle mich eigentlich nie ganz „zu Hause“.	0 1 2 3 4 5 6
49. Das Leben ist ein Konkurrenzkampf.	0 1 2 3 4 5 6
50. Ich unternehme keine Schritte, bevor ich nicht alle Eventualitäten durchdacht habe.	0 1 2 3 4 5 6
51. Ich möchte bestimmen, „wo es langgeht“.	0 1 2 3 4 5 6
52. Ich habe den Hang, mich mit Vorwürfen und niederdrückenden Gedanken selbst „fertigzumachen“.	0 1 2 3 4 5 6
53. Andere sagen manchmal, es sei schwer, mit mir zu leben, weil ich so „stark“ bin.	0 1 2 3 4 5 6
54. Mich erfasst manchmal das Gefühl des Staunens und der Dankbarkeit für das Wunder des Lebens.	0 1 2 3 4 5 6
55. Ich beschäftige mich viel mit Gesundheit, Erziehung und Wohlergehen meiner Freunde.	0 1 2 3 4 5 6
56. Ich kann Spannungen nicht gut aushalten.	0 1 2 3 4 5 6
57. Ich stehe manchmal gleichsam „neben mir“ und beurteile mich.	0 1 2 3 4 5 6
58. Ich fühle mich wohl, wenn ich in einer Gemeinschaft einfach „mitschwimmen“ kann.	0 1 2 3 4 5 6
59. Ich kann gut „Nein“ sagen.	0 1 2 3 4 5 6
60. Ich telefoniere gerne und viel.	0 1 2 3 4 5 6
61. Es macht mir nichts aus, wenn die Mehrheit anderer Meinung ist als ich.	0 1 2 3 4 5 6
62. Wenn ich ein Gesetz unsinnig finde, habe ich keine Skrupel, es zu brechen.	0 1 2 3 4 5 6
63. Andere sagen, ich rede schnell.	0 1 2 3 4 5 6
64. Verhandeln und „Geschäftemachen“ liegt mir.	0 1 2 3 4 5 6
65. Ich versuche Menschen für eine Sache zu begeistern und zu motivieren.	0 1 2 3 4 5 6
66. Mir ist es wichtig, meine Fähigkeiten zu vervollkommnen (akademisch, physisch, kulturell, beruflich).	0 1 2 3 4 5 6
67. Für meine persönlichen Maßstäbe bin ich bereit, auch Nachteile in Kauf zu nehmen.	0 1 2 3 4 5 6
68. Andere Menschen sind gerne in meiner Gesellschaft.	0 1 2 3 4 5 6
69. Ich verliere mich manchmal in Details (z.B. beim Aufräumen) und merke dann plötzlich, dass schon Stunden vergangen sind.	0 1 2 3 4 5 6
70. Wenn jemand falsche Stärke demonstriert, hole ich ihn erst einmal von seinem „hohen Ross“.	0 1 2 3 4 5 6

Nach Beantwortung aller Fragen
HIER NACH HINTEN UMFALTEN
und Auswertung vornehmen

Tragen Sie hier bitte Ihre Werte ein

Frage Nr.	Eins	Zwei	Drei	Vier	Fünf	Sechs	Sieben	Acht	Neun
Übertrag									
48									
49									
50									
51									
52									
53									
54									
55									
56									
57									
58									
59									
60									
61									
62									
63									
64									
65									
66									
67									
68									
69									
70									
Übertrag									
Typ	Eins	Zwei	Drei	Vier	Fünf	Sechs	Sieben	Acht	Neun

Bitte erst alle 115 Fragen beantworten, dann Streifen rechts nach hinten falten und Auswertung vornehmen.

		stimmt nicht ⟷ stimmt
71.	Mein Erscheinungsbild soll natürlich, zugleich aber chic und stilvoll sein.	0 1 2 3 4 5 6
72.	In meinen Gesprächen geht es oft um Arbeit.	0 1 2 3 4 5 6
73.	Ich mag es, mir mit anderen witzige und schlagfertige Wortgefechte zu liefern.	0 1 2 3 4 5 6
74.	Ich bin ein Organisationstalent.	0 1 2 3 4 5 6
75.	Gerechtigkeit war mir schon immer ein besonderes Anliegen.	0 1 2 3 4 5 6
76.	In meiner Wohnung muss alles „seinen Platz" haben.	0 1 2 3 4 5 6
77.	Meine Gefühle sind im Augenblick eines Ereignisse oft wie blockiert, sodass sie dem Geschehen sozusagen „hinterherhinken".	0 1 2 3 4 5 6
78.	In Gedanken kritisiere ich mich oft selbst.	0 1 2 3 4 5 6
79.	Ich mache Entscheidungen oft kurz darauf wieder rückgängig, weil ich merke, dass ich doch etwas anderes will.	0 1 2 3 4 5 6
80.	Ich habe oft eine verspannte Muskulatur (besonders in Nacken, Schultern, Kiefer).	0 1 2 3 4 5 6
81.	Ich stöbere gern in Buchläden und Bibliotheken.	0 1 2 3 4 5 6
82.	In meiner Fantasie spielen sich oft Szenen ab, wie etwas Schlimmes passiert.	0 1 2 3 4 5 6
83.	Wenn Freunde in Not sind, wachse ich über mich selbst hinaus und wage Dinge, die ich mich sonst nicht getraue.	0 1 2 3 4 5 6
84.	Ich brauche mein eigenes Arbeitszimmer oder wenigstens „meine Ecke", wohin ich mich zurückziehen kann, wenn mir alles zu viel wird.	0 1 2 3 4 5 6
85.	Andere halten mich für sportlich und attraktiv.	0 1 2 3 4 5 6
86.	Ich habe einen Blick für die Gestaltung von Räumen.	0 1 2 3 4 5 6
87.	Im Beruf lege ich Wert auf eine gute Atmosphäre.	0 1 2 3 4 5 6
88.	Ich sorge mich viel um die persönlichen Bedürfnisse und Probleme anderer.	0 1 2 3 4 5 6
89.	Ich habe immer davon geträumt, Maler, Dichter, Sänger oder Ähnliches zu werden.	0 1 2 3 4 5 6
90.	Mir ist es wichtig, die Dinge möglichst objektiv zu sehen.	0 1 2 3 4 5 6
91.	Ich reise gerne.	0 1 2 3 4 5 6
92.	Manche Leute halten mich für „arbeitssüchtig".	0 1 2 3 4 5 6
93.	Hilfsbereitschaft ist für mich eine Selbstverständlichkeit.	0 1 2 3 4 5 6

Nach Beantwortung aller Fragen
HIER NACH HINTEN UMFALTEN
und Auswertung vornehmen

Tragen Sie hier bitte Ihre Werte ein

Frage Nr.	Eins	Zwei	Drei	Vier	Fünf	Sechs	Sieben	Acht	Neun
Übertrag									
71									
72									
73									
74									
75									
76									
77									
78									
79									
80									
81									
82									
83									
84									
85									
86									
87									
88									
89									
90									
91									
92									
93									
Übertrag									
Typ	Eins	Zwei	Drei	Vier	Fünf	Sechs	Sieben	Acht	Neun

Bitte erst alle 115 Fragen beantworten, dann Streifen rechts nach hinten falten und Auswertung vornehmen.

	stimmt nicht ⟷ stimmt
94. Ich habe einen großen Freundeskreis.	0 1 2 3 4 5 6
95. Ich habe viele verschiedene Interessensgebiete.	0 1 2 3 4 5 6
96. Andere fühlen sich von mir oft kritisiert.	0 1 2 3 4 5 6
97. Mir ist es wichtig, das große Ganze zu sehen und darin die Muster und Strukturen zu erkennen.	0 1 2 3 4 5 6
98. Bevor sich ein Streit nicht beilegen lässt, stecke ich lieber zurück.	0 1 2 3 4 5 6
99. Eine unfreundliche Bemerkung sitzt bei mir oft „wie ein Pfeil" und kann mich noch tagelang quälen.	0 1 2 3 4 5 6
100. Ich schmiede oft Zukunftspläne, um möglichst nichts von den vielen Möglichkeiten zu verpassen.	0 1 2 3 4 5 6
101. Ich bin gerne allein.	0 1 2 3 4 5 6
102. Ich ergreife selten die Initiative.	0 1 2 3 4 5 6
103. Ich kämpfe oder streite oft, einfach um für Klarheit zu sorgen.	0 1 2 3 4 5 6
104. Ich leiste mir öfter Dinge, die eigentlich zu teuer für mich sind.	0 1 2 3 4 5 6
105. Mir fällt es schwer, abzuschalten, zu entspannen und einfach nur zu genießen.	0 1 2 3 4 5 6
106. Ich werde oft von Selbstzweifeln befallen.	0 1 2 3 4 5 6
107. Wenn ich eine Aufgabe zu erledigen habe, müssen Gefühle warten.	0 1 2 3 4 5 6
108. Ich lebe ganz für meinen Partner, meine Familie, meine Freunde.	0 1 2 3 4 5 6
109. Leerlauf und Faulenzen kann ich in meinem Tagesablauf nicht gebrauchen.	0 1 2 3 4 5 6
110. Konflikte versuche ich zu vermeiden.	0 1 2 3 4 5 6
111. In meinen Beziehungen bin ich eher der „Hammer" als der „Amboss".	0 1 2 3 4 5 6
112. Ich bin mir oft nicht sicher, ob die Zuneigung anderer Menschen echt ist, oder ob sie mich nur mögen, weil ich nett zu ihnen bin.	0 1 2 3 4 5 6
113. Wenn ich mich nicht ab und zu zurückziehen würde, hätte ich Angst, „mich zu verlieren".	0 1 2 3 4 5 6
114. Ich drücke meine Empfindungen gerne künstlerisch aus (Musik, Malerei, Schauspiel, Literatur).	0 1 2 3 4 5 6
115. Ich stehe oft unter Zeitdruck.	0 1 2 3 4 5 6

Prüfen Sie bitte noch einmal nach, ob Sie alle Fragen beantwortet haben.
Und nun die Auswertung!

Nach Beantwortung aller Fragen
HIER NACH HINTEN UMFALTEN
und Auswertung vornehmen

Tragen Sie hier bitte Ihre Werte ein									
Frage Nr.	Eins	Zwei	Drei	Vier	Fünf	Sechs	Sieben	Acht	Neun
Übertrag									
94									
95									
96									
97									
98									
99									
100									
101									
102									
103									
104									
105									
106									
107									
108									
109									
110									
111									
112									
113									
114									
115									
Zwischensumme									
	Eins	Zwei	Drei	Vier	Fünf	Sechs	Sieben	Acht	Neun

Testauswertung

Nun gilt es, den Enneagramm-Typen-Test auszuwerten. Dazu sind vier Schritte nötig:

1. Falten Sie die Streifen mit Ihren Antworten von 0 bis 6 an der gestrichelten Linie nach hinten, sodass sie neben dem Kästchenraster liegen. Jede Frage ist einem bzw. mehreren Typen zugeordnet. Die entsprechenden Kästchen dafür sind weiß. Tragen Sie die angekreuzte Punktzahl als Wert für den entsprechenden Typ in die jeweiligen Kästchen ein. Beispiel: Frage 1 gilt für Typ SIEBEN. Haben Sie hier 3 Punkte angekreuzt, tragen Sie 3 Punkte in das weiße Kästchen ein. *Achtung:* Falls Sie in einer Reihe auf ein **eingerahmtes** Kästchen stoßen, müssen Sie den Wert nach folgender Umdrehskala zählen:

   ↓ **0 1 2 3 4 5 6** ↑
   6 5 4 3 2 1 0

   Haben Sie also 0 Punkte angekreuzt, schreiben Sie in das eingerahmte Kästchen den Umkehrwert 6; wenn Sie 6 Punkte angekreuzt haben, tragen Sie entsprechend 0 Punkte ein. Beispiel: Bei Frage 11 steht ein weißes Kästchen für Typ DREI und ein eingerahmtes Kästchen für Typ NEUN. Haben Sie hier 2 Punkte angekreuzt, dann tragen Sie 2 Punkte in das Kästchen der DREI und 4 Punkte (Umkehrwert!) in das eingerahmte Kästchen unter NEUN ein.

2. Addieren Sie die Werte für jeden Typ zur **Zwischensumme**.

3. Jetzt haben Sie das meiste schon geschafft. Schauen Sie nun in der **Normentabelle** nach, wie viele **Standardwerte** (ST-Werte) von 0 bis 9 Sie bei den einzelnen Typen für die erzielte Zwischensumme bekommen. Beispiel: Wenn Sie bei Typ DREI in der Zwischensumme 45 Punkte haben, schauen Sie in der Normentabelle entsprechend bei DREI nach, welcher Standardwert dem entspricht. 45 Punkte liegen hier zwischen 42 und 47, das ergibt somit den Standardwert 5.

4. Tragen Sie abschließend diese Standardwerte in Ihr **Enneagrammprofil** ein.

Normentabelle

ST-Wert	Eins	Zwei	Drei	Vier	Fünf	Sechs	Sieben	Acht	Neun
0	0-25	0-32	0-20	0-18	0-35	0-17	0-31	0-21	0-30
1	26-31	33-37	21-26	19-25	36-41	18-24	32-36	22-27	31-36
2	32-37	38-43	27-31	26-31	42-46	25-30	37-41	28-33	37-41
3	38-42	44-48	32-36	32-38	47-51	31-37	42-46	34-39	42-47
4	43-48	49-53	37-41	39-44	52-56	38-43	47-50	40-45	48-52
5	49-54	54-59	42-47	45-51	57-62	44-50	51-56	46-52	53-58
6	55-60	60-65	48-52	52-58	63-67	51-57	57-61	53-58	59-63
7	61-66	66-71	53-58	59-64	68-72	58-64	62-66	59-64	64-68
8	67-72	72-76	59-63	65-71	73-77	65-70	67-71	65-71	69-74
9	73-90	77-90	64-90	72-90	78-90	71-90	72-90	72-90	75-90

Enneagramm-Profil

ST-Wert									
9	•	•	•	•	•	•	•	•	•
8	•	•	•	•	•	•	•	•	•
7	•	•	•	•	•	•	•	•	•
6	•	•	•	•	•	•	•	•	•
5	•	•	•	•	•	•	•	•	•
4	•	•	•	•	•	•	•	•	•
3	•	•	•	•	•	•	•	•	•
2	•	•	•	•	•	•	•	•	•
1	•	•	•	•	•	•	•	•	•
0	•	•	•	•	•	•	•	•	•
Typ	Eins	Zwei	Drei	Vier	Fünf	Sechs	Sieben	Acht	Neun

Zur Bedeutung Ihres Ergebnisses

Zum Enneagrammprofil: Manche erreichen bei fast allen Typen unterdurchschnittliche Werte, weil sie sich mit bestimmten Aussagen und Verhaltensweisen grundsätzlich nicht leicht identifizieren. Andere erzielen dagegen fast bei jedem Typ überdurchschnittliche Werte.
Es kommt also auf den Vergleich an. Bei welchem Typ habe ich deutlich mehr Anteile als bei anderen? Oder ebenso interessant: Bei welchem Typ habe ich sehr wenige Punkte? Liegen dort vielleicht Eigenschaften, die mir fehlen und die wichtig für mich sein könnten? Der „Standardwert" 5 gibt den Wert an, der *durchschnittlich* erzielt wird. Ungefähr 50 % aller Personen liegen mit ihren Werten im Bereich der Standardwerte 4, 5 und 6. Standardwerte über 6 oder unter 4 sind entsprechend seltener. Sind Sie von Ihrem Testergebnis überrascht, enttäuscht oder hat es Ihre Selbsteinschätzung bestätigt?
Ein Test ist sinnvollerweise immer nur ein Schritt, um sich besser kennenzulernen, indem man – wie in einem Spiegel – sich selbst neu oder anders entdeckt. In diesem Sinne ist das Enneagrammprofil kein abschließendes „Ergebnis", sondern eine Momentaufnahme, die ein Licht darauf wirft, wie ich mich zurzeit selbst einschätze.
Apropos „Selbsteinschätzung": Es kann sehr aufschlussreich sein, den Ehepartner, Freund oder eine/n gute/n Bekannte/n zu bitten, den Enneagramm-Typen-Test unter der Fragestellung auszufüllen, wie er/sie *mich* sieht, was nach seiner/ihrer Meinung „typisch" für mich ist oder „zu mir passt". Oft haben andere einen klareren Blick für das „Typische" an mir als ich selbst.
Der Vergleich zwischen Selbst- und Fremdeinschätzung kann wertvollen Gesprächsstoff liefern!
Keiner von uns ist nur *ein* Typ, sondern wir haben Anteile von jedem Typ in uns. Das gilt selbst für Menschen, deren Verhaltensweisen und Einstellungen fast ganz mit einem vom Enneagramm beschriebenen Typ übereinstimmen. Entscheidend ist, dass ich das für mich „Typische" entdecke, meine Stärken und Schwächen sehen lerne und dadurch besser mit mir und der Welt umgehen kann.
Der Enneagramm-Typen-Test soll dazu eine Hilfe sein – vor allem aber eine Ermutigung, sich weiter auf den Prozess der Selbsterkenntnis, Veränderung und Reifung einzulassen.

Allgemeine Bemerkungen zum Testergebnis

Erläuterungen zu Ihrem individuellen Testergebnis sind nur sehr eingeschränkt möglich. Ein Test – zumal ein nach wissenschaftlichen und testtheoretischen Kriterien konstruierter Fragebogen wie der Enneagramm-Typen-Test – erfasst und bewertet das Individuelle einer Person auf dem Hintergrund quantitativer, statistischer Größen. Deshalb gibt es Durchschnittswerte, Standardwerte etc. Gerade deshalb braucht aber das „objektive" Testergebnis ein Gegengewicht, nämlich das ganz „subjektive" Verstehen und Einordnen. Für die Interpretation und das Verständnis des Tests ist es entscheidend, ihn mit dem Menschen, mit dem unverwechselbaren Individuum, mit seiner Geschichte und seiner augenblicklichen Lebenssituation in Beziehung zu setzen.

Ich möchte das am Vorgehen in der klinisch-psychologischen Praxis verdeutlichen. „Persönlichkeitstests" werden hier in aller Regel nur in Verbindung mit Gesprächen und unter Hinzuziehung anderer Informationen (zum Beispiel Verhalten auf der Station) verwendet. Gerade wer Erfahrung im Umgang mit Tests hat, weiß nämlich, dass ein Test *allein* nur einen unzureichenden Eindruck von den Problemen, Möglichkeiten und Eigenarten einer Person vermitteln kann. Aber in Verbindung mit diesen anderen Blickrichtungen kann ein Testergebnis erhellend und hilfreich sein, weil es – wie auf einem Foto – für einen Moment Zusammenhänge festhält, die sonst immer in Veränderung, in Bewegung und daher sehr verwirrend sind.

Auf der einen Seite möchte ich Sie ermutigen, den Test nicht überzubewerten. Er ist eine *Momentaufnahme,* die Sie nicht festlegt, sondern ein Licht auf die momentane Situation wirft und darauf, wie Sie sich selbst (!) darin darstellen. Sie halten ein „Foto" von sich in der Hand – ein „Selbstportrait" – und wissen aus eigener Erfahrung, dass Bilder verschwommen oder „geschönt" sein können, dass wir uns auf manchen Bildern gefallen, auf anderen nicht.

Auf der anderen Seite will ich Sie ermutigen, das Ergebnis nicht zu schnell „abzuhaken". Gerade wenn der Test anders ausfällt, als Sie vielleicht erwartet haben, könnte darin ein Hinweis liegen, dass noch ganz andere Seiten in Ihnen lebendig sind als die, die Sie bisher selbst an sich wahrgenommen haben. Das ist vielleicht ein Anstoß, andere zu fragen, wie sie Sie erleben. Erst im Zusammenhang mit anderen Informationen gewinnt der Test Bedeutung.

Einige Beobachtungen, die ich bei der Auswertung von Persönlichkeitstests immer wieder gemacht habe, können vielleicht dem einen oder anderen helfen, sein Testergebnis besser zu verstehen:

Manche Menschen wählen fast bei jeder Frage die *„Mitte",* beim Enneagramm-Typen-Test also die „3". Das kann ganz verschiedene Gründe haben.

Oft handelt es sich um Menschen, die versuchen, sehr gründlich zu sein, die alles genau abwägen und möglichst keinen „Fehler" machen wollen. Auch auf sich selbst und die Art, wie sie sich darstellen, bezogen wollen sie alles „richtig" machen. Sie können sich schlecht entscheiden zwischen „einerseits" und „andererseits". Wenn sie einer Aussage zustimmen wollen, fällt ihnen gleich noch eine Situation ein, in der sie auch ganz anders reagieren könnten.
Die Mitte wählen häufig auch Menschen, denen die Meinung ihrer Umgebung sehr wichtig ist. Sie überlegen bei jeder Frage, was die *anderen* wohl darüber denken. Weil aber der eine so und der andere wieder anders antworten würde, entscheiden sie sich „diplomatisch" für die Mitte.
Es gibt sicher noch weitere Möglichkeiten der Deutung. In jedem Fall aber ist die Art und Weise, wie wir antworten, ein Teil unserer Persönlichkeit, der fest zu uns gehört. Er hat zu tun mit unseren Wünschen und Ängsten, vielleicht sogar mit unserer Angst, auf einen Typ festgelegt zu werden oder irgendwie „durchschaut" zu sein.
Das Testergebnis weist in der Folge meist für keinen Typ besonders viele Punkte aus, selten jedoch auch einen „Standardwert" unter 2.
Der Test sagt nie „nichts", sondern spiegelt selbst durch die Art und Weise, wie wir ihn ausfüllen, die Eigenarten unserer Person.
Auch die durchgehende Wahl von *Extremwerten* ist in der Testpraxis immer wieder zu beobachten. Manche Menschen stimmen fast jeder Frage zunächst einmal zu. Sie identifizieren sich leicht mit allen möglichen, zum Teil auch gegensätzlichen Aussagen, sei es aus Unsicherheit oder weil sie ihre eigene Person weniger klar abgegrenzt erleben als andere. Sie können schlecht sagen: „Das bin ich – und das bin ich nicht."
Andere Menschen dagegen „knausern" mit der Vergabe ihrer Testpunkte. Sie erreichen selten einmal den Sprung über die Mittellinie der Punkteskala. In der Folge erzielen sie bei *allen* Typen niedrige Standardwerte und Unterschiede *können* folglich gar nicht deutlich werden!
Diese Beschreibung ist natürlich sehr plakativ und allgemein. Es sollen damit auch nur grundsätzliche Tendenzen deutlich gemacht werden, die beim Ausfüllen eines Fragebogens auch einen Einfluss haben. Im Folgenden noch einige Anmerkungen zu enneagrammspezifischen Aspekten:
Der Enneagramm-Typen-Test erfasst bestimmte *Eigenschaften,* die den Typen vom Enneagramm zugeschrieben werden. Die „Typen" selbst setzen sich aus der *Kombination* dieser Eigenschaften zusammen, sodass es nicht verwunderlich ist, wenn beispielsweise ein SECHSer auch viele Punkte bei Typ ZWEI hat. Beide Typen sind sich nämlich insofern ähnlich, als sie in einem besonderen Maße „sozial" eingestellt sind – wenn auch aus unterschiedlichen Motiven!

So kann es sein, dass der Test bei Ihnen gleichermaßen hohe Werte bei Typen aufweist, die laut Enneagrammtheorie eigentlich nichts miteinander zu tun haben, also weder „Flügel" noch „Stress-/Trost-Punkte" sind.
Wenn Sie also bei einem Typ viele Punkte haben, können Sie sicher sein, dass Sie viel mit den Eigenschaften und Überzeugungen dieses Typs verbindet, ob Sie allerdings dieser Typ *sind* – das kann Ihnen kein Test der Welt verraten, sondern nur Ihre tiefe Überzeugung und Einsicht, wenn Sie sich da oder dort „wiedergefunden" haben.
Die Untersuchungen des Enneagramms – die psychologische Forschung bestätigt das im Allgemeinen – zeigen, dass sich nur etwa die Hälfte der Menschen klar einem „Typ" zuordnen lässt.
Für manche Menschen „passt" dieses System, andere liegen immer „dazwischen". Sie fühlen sich beispielsweise bei Typ ZWEI, VIER und SECHS zu Hause, je nachdem in welcher Lebensphase sie sich befinden oder mit welchen Menschen sie zusammenleben.
Wichtig ist auch hier, *dass* Sie weiterfragen – nicht um endlich Ihren Typ zu wissen und die Fragerei ein für alle Mal abzuschließen, sondern um zu verstehen, welche Eigenschaften und Eigenarten zu Ihnen gehören. Erst das schafft die Möglichkeit, die ureigensten Begabungen zu entdecken und die „Fallen", in die man gewohnheitsmäßig tappt, wenigstens ab und zu auszulassen. Nicht die *formale* Zuordnung zu einem Typ ist wichtig, sondern die *inhaltliche!*
Jemand kann, um ein anderes Beispiel zu nennen, hohe Werte bei Typ DREI und Typ ACHT haben. Das liegt möglicherweise daran, dass diese Person sich mit solchen Eigenschaften identifiziert, die sich als „Durchsetzungsvermögen", „Realitätssinn" und „Konkurrenzdenken" umschreiben lassen. Diese Eigenschaften zeichnen beide der genannten Typen aus. Das Ergebnis heißt also soviel wie: Offensichtlich identifiziere ich mich zurzeit mit Eigenschaften, die sich verstärkt bei Typ DREI und ACHT wiederfinden.
Hier wäre es angebracht, noch einmal die entsprechenden Typenbeschreibungen – sie sind wohl das „Herzstück" aller Enneagramm-Bücher – nachzulesen und herauszuspüren, ob ich mich dort tatsächlich „zu Hause" fühle.
Es könnte nämlich auch sein, dass ich eigentlich ein Typ EINS oder SECHS bin, meine *Lebenssituation* von mir aber gerade vornehmlich „Durchsetzungskraft" und „Konkurrenzfähigkeit" verlangt.
Oder kommt eher mein *Wunsch* in diesen hohen Werten zum Ausdruck? Unsere Identifikation mit einem Typ hängt oftmals mehr mit unseren inneren und äußeren „Leitbildern" zusammen, als wir es uns eingestehen wollen. (Die am Anfang dieses Buches gemachten Beobachtungen über die „Verteilung" der Typen bestätigen diese Vermutung).

Weiter wichtig für das Verständnis des eigenen „Enneagrammprofils" ist ein Blick auf die Ergebnisse mit *geringer* Punktzahl. Oft prägen die „Lücken" das eigene Verhalten mehr als die stark entwickelten Seiten. Möglicherweise liegt gerade hier mein Stress- oder Trostpunkt, also etwas, was für die eigene Entwicklung von besonderer Bedeutung ist.

Selbstbild und Fremdeinschätzung

Unsere „Selbsteinschätzung" ist immer bestimmten Einflüssen unterworfen. Die meisten Menschen stellen sich tendenziell in einem möglichst guten Licht dar – übrigens auch und vor allem vor sich selbst! Außerdem geben wir eine einmal gefasste Meinung nicht so gerne auf. So wird beispielsweise ein NEUNer versuchen, sich auch im Testergebnis als NEUNer zu präsentieren.

Unsere Ängste und Wünsche haben also einen großen Einfluss auf unsere Wahrnehmung, gerade wenn es um uns selbst geht!

So wie das menschliche Auge seinen „blinden Fleck" in der Mitte der Netzhaut hat, so können auch wir die zentralen Eigenarten unserer Person oft selbst nicht richtig wahrnehmen. Darum ist eine *Fremdeinschätzung* unter Umständen aufschlussreich. Andere können uns meist „objektiver", zumindest aber mit mehr „Distanz" sehen. Gerade was das „Typische" an einem Menschen ausmacht, fällt ja *anderen* oft viel schneller und deutlicher ins Auge als der betreffenden Person selbst. Das liegt in der Natur der Sache. Jede „Typisierung" bedarf einer gewissen Distanz.

Wenn ich mir also über meinen „Typ" im Unklaren bin, kann die Einschätzung eines anderen Menschen, der mich gut kennt, eine große Hilfe sein. Gerade der *Vergleich* zwischen Selbst- und Fremdeinschätzung kann viel nachdenkenswerten „Stoff" liefern.

Natürlich ist die Wahrnehmung der unterschiedlichen Menschen auch wieder verschieden, und es geht auch gar nicht darum, wer „Recht" hat oder den Typ des anderen besser erkennt.

Wichtig ist, die Erfahrungen und Wahrnehmungen zusammenzutragen, damit ein vollständiges Bild entsteht, zu dem nun einmal auch die „Schatten" gehören. Dann zeigt sich nämlich oft, dass man sich, ohne es zu wollen, nach außen hin ganz anders präsentiert, als man sich innerlich fühlt. FÜNFer beispielsweise haben die Gabe, äußerlich selbst dann noch „cool" zu wirken, wenn sie innerlich vor Aufregung schier platzen. Das tun sie nicht bewusst und deshalb sind sie unter Umständen völlig überrascht, dass ihre Umgebung nichts davon merkt, dass sie sich selbst in ihrem Innersten aufgewühlt und durcheinander fühlen.

Ich möchte Sie ermutigen, die Chance einer „Rückmeldung" von außen zu nutzen, auch weil es anregt, über das Enneagramm und darüber im Gespräch zu bleiben, was es im Menschen anstößt.

Kurze Beschreibung der neun Typen

Die folgenden Beschreibungen der neun Typen des Enneagramms sind äußerst verknappt und dienen lediglich einer ersten Orientierung für diejenigen, denen das Enneagramm nicht bekannt ist. Da es sich hier um eine kurze orientierende Übersicht handelt, konnten naturgemäß nur einige wenige Aspekte der Typenbeschreibung aufgenommen werden. Um die Testergebnisse verstehen und einschätzen zu können, empfehlen wir die detaillierten Beschreibungen aus *Richard Rohr/Andreas Ebert, Das Enneagramm. Die 9 Gesichter der Seele, Claudius Verlag*. Es handelt sich hierbei um *den* Klassiker zum Thema, mit dem der amerikanische Franziskanerpater Richard Rohr und der evangelische Pfarrer Andreas Ebert das Enneagramm im Jahr 1989 im deutschsprachigen Raum einer breiten Öffentlichkeit zugänglich gemacht haben. Mehrfach aktualisiert, um Erfahrungen der Autoren aus Workshops und Seminaren sowie Rückmeldungen von Leserinnen und Lesern ergänzt und auf den neusten Stand der Forschung gebracht ist „Das Enneagramm" bis heute das Standardwerk zum Enneagramm.
Bei den Typen des Enneagramms handelt es um die Beschreibung von Verhaltensmustern, die dem Erleben und Handeln von Menschen ein bestimmtes Gepräge geben, das wir häufig als für diesen Menschen „typisches" Verhalten bezeichnen. Jeder Typ geht von einem Ideal aus, einem Fixpunkt, an dem sich seine Lebensgestaltung ausrichtet und auf das er auch fixiert ist. Trotz der Widrigkeiten, an diesem Ideal festzuhalten, macht es geradezu das Verhaltensmuster des beschriebenen Typs aus. Sowohl die von der Umwelt als positiv als auch die als negativ wahrgenommenen Charakterzüge sind Folge dieser Fixierung.
Gegen alle Widerstände und negativen Erfahrungen an dem fixierten Ideal festzuhalten, bedarf einer besonderen seelischen Antriebsenergie. Deshalb weist die Typenbeschreibung des Enneagramms jedem Verhaltensmuster eine bestimmte **Leidenschaft** zu. Sie wird bei jeder der folgenden Typenbeschreibungen vorgestellt. Eine weitere Dimension, die erklärt, weshalb die entsprechenden Verhaltensmuster auch bei negativen Gefühlen durchgehalten werden, ist der sogenannte **Abwehrmechanismus**. Dieser hat den Zweck, sich nicht mit bestimmten unangenehmen, konfliktträchtigen Aspekten der eigenen Person auseinandersetzen zu müssen.
Auch wenn nach der Lehre des Enneagramms die den jeweiligen Typ prägenden Muster nicht einfach abgelegt werden können, besteht doch die Möglichkeit, sich aus einseitigen Fixierungen zu lösen. Durch Integration des Ausgeblendeten in das eigene Muster gelingt es, die mit jedem Typ verbundenen Stärken und Fähigkeiten zu entwickeln. Zugleich wird man davon frei, mechanisch immer wieder die starren Verhaltensmuster reproduzieren zu müssen.

Typ 1: Reformer, Perfektionist, Kritiker

Menschen vom Typ 1 streben nach Vollkommenheit, sie wollen alles richtig machen: ein Ideal, das nicht erreichbar ist. Sie zeichnen sich aus durch Objektivität, Integrität und Gerechtigkeitssinn. Ihr unbestechliches Gefühl für Wahrheit und Gerechtigkeit verleiht ihnen ein starkes moralisches Rückgrat. Für ihre Überzeugungen sind sie bereit durchs Feuer zu gehen. Aus Angst, Fehler zu machen, sind Menschen dieses Typs darauf bedacht, möglichst überlegt und vernünftig zu reagieren. Spontaneität zählt deswegen nicht zu ihren Stärken.

Dieses unbedingte Streben nach Perfektion wächst sich bei EINSern leicht zu Kritiksucht, Nörgelei und Selbstgerechtigkeit aus. Bei ihnen findet sich häufig eine ins Pedantische gehende Ordnungsliebe. Gerade die Angst vor der eigenen Unvollkommenheit kann EINSer zu gnadenlosen Richtern fremder Fehler und Mängel machen. Bei ihren Mitmenschen verbreiten sie oft das Gefühl, den hehren moralischen Ansprüchen nicht genügen zu können.

Obwohl EINSer einen kontrollierten und disziplinierten Eindruck machen, ist die vornehmliche **Leidenschaft,** die sie antreibt, der Zorn. Ihr Zorn richtet sich auf jede Art von Unvollkommenheit, die auf der Negativfolie ihrer überhöhten Ideale überall zu entdecken ist. Diese Leidenschaft, die den EINSern in ihren Kämpfen um Weltverbesserung ihre Energie verleiht, treibt sie auch in ein Dilemma. Denn Zorn ist selbst eine Unvollkommenheit, die unter dem Anspruch absoluter Perfektion nicht sein darf. Es stellt sich die Frage: Wohin mit dem Zorn? Wohin fliehen vor dem eigenen kritischen Blick?

Der **Abwehrmechanismus,** den EINSer ausprägen, um sich diese unerwünschten Gefühlsaufwallungen vom Leibe zu halten, ist Reaktionskontrolle. Damit ist gemeint, dass EINSer sich einer ständigen Selbstkontrolle aussetzen. Sie installieren einen mächtigen inneren Zensor, der in Sekundenbruchteilen entscheidet, welche die richtige und welche die falsche Regung ist. Ein häufig beschrittener Weg, den Zorn in kontrollierte Bahnen zu lenken, ist die Arbeitswut. Ständig gilt es, irgendwelchen Pflichten nachzukommen, sodass das sprichwörtliche nachfolgende Vergnügen sich selten einstellt.

Aus dem Teufelskreis, dem Zorn mit dem Furor der Selbstkontrolle beizukommen, kann sich ein EINSer nur befreien, wenn er seinen Zorn annehmen kann und erkennt, dass es nicht nur den einen richtigen Weg gibt. Er muss lernen, Pflicht, Ordnung und die Verbesserung der Welt auch mal links liegen zu lassen, zu spielen, zu feiern und das Leben zu genießen. Ihm tut die Einsicht gut, dass nicht alles durch aktiven Einsatz zu beherrschen ist. In der Begegnung mit dem kreatürlichen Wachstum der Natur können EINSer erfahren, dass Dinge gedeihen, auch ohne dass ständig kontrollierend eingegriffen wird.

Typ 2: Helfer, Geber, Fürsorger

Menschen vom Typ 2 wollen gebraucht werden. Aus diesem Streben resultiert die Fähigkeit, sich ganz auf die Bedürfnisse anderer Menschen einstellen zu können. Persönlichkeiten mit diesem Muster sind deshalb Beziehungsmenschen. Sie verfügen über einen großen Freundes- und Bekanntenkreis. Für die Sorgen und Nöte der anderen haben sie stets ein offenes Ohr. In ihren Beziehungen verhalten sie sich besonders emotional, weil es ihnen in erster Linie darum geht, geliebt zu werden.

Dieses unbedingte Streben nach Anerkennung, die ZWEIer besonders in der Dankbarkeit ihrer Mitmenschen erleben, führt leicht zu einem aufdringlichen Buhlen. Dann tritt zutage, dass ZWEIer alle ihre Anstrengungen für die anderen insgeheim nur um der gezeigten Dankbarkeit willen unternommen haben. Spüren sie gar das Gegenteil, Distanznahme oder Kritik, reagieren sie gekränkt und mit demonstrativem Liebesentzug. Sie unternehmen alles, um die Abhängigkeit der mit Liebeserweisen Überschütteten wieder herzustellen.

Dass ausgerechnet der Stolz die treibende **Leidenschaft** solcher Menschen sein soll, die ganz in der Sorge um die anderen aufgehen, erscheint nur auf den ersten Blick unglaubhaft. Achtet man darauf, dass es der ZWEI in all ihren Beziehungen darauf ankommt, gebraucht zu werden, also wichtig und bedeutend zu sein, dann wird der Stolz als Antriebsenergie durchaus plausibel. Das Dilemma des ZWEIers besteht darin, dass er in der Zuwendung zum Mitmenschen sein Ego gerade immer weiter aufbläht. Die eigene Hilfsbedürftigkeit wird dadurch systematisch verstellt. Stets findet sich jemand, der Hilfe dringend nötig hat.

Damit der Stolz auf die eigenen großartigen Liebeserweise nicht durch die Erkenntnis der eigenen Bedürftigkeit Schaden nimmt, prägen ZWEIer den **Abwehrmechanismus** der Verdrängung aus. Sie sind Meister darin, die Bedürfnisse anderer wahrzunehmen und zu bedienen und die eigenen in vollständige Vergessenheit geraten zu lassen. Vielleicht ist das der Grund, weshalb sich in der Gruppe der ZWEIer häufig eine Suchtgefährdung findet. Die „Belohnung" mit Süßigkeiten, Shoppen oder Sex verdrängt die ausfallende Befriedigung der eigenen Bedürfnisse.

Aus dieser Fixierung auf die Dankbarkeit der anderen können sich ZWEIer dann befreien, wenn sie die eigene Hilfsbedürftigkeit erkennen und den Stolz darauf, dass andere auf sie angewiesen und ihnen dankbar sind, fahren lassen. Heilsam für sie ist, wenn sie Demut lernen und aus der Rolle des souveränen Helfers für abhängige Bedürftige aussteigen können.

Typ 3: Leistungs- und Erfolgsmensch, Schauspieler

Gut anzukommen, ist das bestimmende Ziel für Menschen vom Typ 3. Sie möchten für ihre Leistungen bewundert werden. Aus diesem Grund opfern sie alles dem Erfolg. Sie gehen ganz in ihren Aufgaben auf und verfolgen energisch deren Erledigung; allerdings nur so lange, wie sie Erfolg versprechen und Prestige einbringen. Da er alles drauf ausrichtet, glänzend dazustehen, ist der DREIer enorm anpassungsfähig. Er ist in der Lage, sich stets an dem auszurichten, was jeweils ankommt. Das prädestiniert ihn zum idealen Mitarbeiter jeder Organisation. Ob es sich um das Managen eines ausbeuterischen Unternehmens oder die Organisation der dagegen aufbegehrenden Arbeiter handelt – eine DREI widmet sich der ihr gestellten Aufgabe mit aller Energie. Es kann geschehen, dass DREIer im Laufe ihres Lebens sich mit gleicher Vehemenz in solch widersprechenden Aufgaben engagieren.

Bei allem Charme und aller Anpassungsfähigkeit, die DREIer auszeichnen, ist ihr Interesse an ihren Mitmenschen gering. Sie dienen lediglich dem Erreichen des Erfolgs oder als Spiegel für die eigene Größe. Was DREIer fürchten, sind Selbstzweifel, Misserfolge und Niederlagen. Deswegen haben sie auch keine Hemmungen, die Pferde zu wechseln, sobald das Scheitern eines Projekts abzusehen ist, oder nachträglich ihren Beitrag positiv zu verkaufen und die Schuld für den Misserfolg bei anderen zu suchen.

Dass die **Leidenschaft** des DREIers die Täuschung ist, lässt sich bereits an seiner hohen Anpassungsfähigkeit ablesen. Vornehmlich aber treibt ihn die Selbsttäuschung an. Keinesfalls möchte die DREI mit den eigenen Schwächen und Unzulänglichkeiten in Berührung kommen. Sie kann sich in hohem Maße mit der jeweils angenommenen Rolle identifizieren. Daher rührt das ihr eigene Engagement für alle von ihr betrieben Angelegenheiten.

Die vollständige Identifikation mit der jeweils zu erledigenden Sache ist der der DREI eigene **Abwehrmechanismus.** Daraus ergibt sich eine Art Daueraktivismus. Stets gilt es, neue Aufgaben zu erfüllen, um möglichst unter dem Beifall der anderen den Erfolg auszukosten. Die rasende Flucht vor dem Selbst, das sich selbst von sich fortjagt, findet am ehesten ein Ende in der Erfahrung des Scheiterns. Da der dem Daueraktivismus ausgesetzte Körper zwangsläufig irgendwann einmal streikt, ist Krankheit für DREIer eine Chance auszusteigen. Allerdings besteht die Gefahr, dass die Gesundung erneut zu einem Projekt umgewidmet wird, das es erfolgreich zu bestehen gilt. Generell führt der Weg zur Befreiung für den DREIer weg von der Außenorientierung hin zu sich selbst. Da er sich in einer leistungsfixierten Gesellschaft wie der unseren über mangelnden Beifall nicht zu beklagen braucht, ist dieser Weg sehr beschwerlich.

Typ 4: Romantiker, Melancholiker, Künstler

Der rote Faden, der das Leben von Menschen des Typs 4 durchzieht, ist die Suche nach sich selbst. Sie ist geprägt von einer Aura einer unbestimmten Sehnsucht, die nie Erfüllung findet. Diese Sehnsucht nach dem ganz anderen bewirkt, dass VIERer häufig künstlerische Ausdrucksmöglichkeiten suchen. In der Welt der Kunst lassen sich die Unbestimmtheit und die durch keine Realität erfüllbare Sehnsucht am besten ausdrücken. Die Uneindeutigkeit und Interpretationsbedürftigkeit der Kunst kommt der unsicheren Selbstwahrnehmung des VIERers sehr entgegen. Sie dient aber vornehmlich der Selbstinszenierung. Das Kunstwerk wird hier einzig als Ausdruck des Künstlers betrachtet.

Obwohl VIERer ganz auf sich und ihre Gefühlswelten konzentriert zu sein scheinen, sind sie doch wie die ZWEIer und DREIer außenorientierte Typen. Im ständigen Blick auf die anderen suchen VIERer ihre Identität in der Abgrenzung zu finden. In allen Lebenslagen präsentieren sie sich als Nonkonformisten. Auf der anderen Seite führt die stets im Unbestimmten, Ahnungsvollen verbleibende Selbstwahrnehmung dazu, dass VIERer häufig die Vermutung hegen, andere hätten etwas, was ihnen fehlt. Auch dieses Manko inszenieren sie als großes Gefühl. Sie fühlen sich häufig unverstanden und als Außenseiter. Die Tendenz zur Absonderung und der Beschäftigung mit der eigenen Gefühlswelt verstärkt sich dadurch sogar noch.

Bereits hieraus lässt sich ersehen, dass die die VIERer antreibende **Leidenschaft** der Neid ist. Sie werden hin und her gerissen von dem Bestreben, sich abzugrenzen, und der Anziehungskraft, die das Leben der Mitmenschen auf sie ausübt. Es verspricht ihnen eine Erfüllung, die das eigene Leben nicht hat.

Der **Abwehrmechanismus,** den der Typ 4 entwickelt, um sich die damit verbundenen Gefühle der eigenen Unzulänglichkeit vom Leibe zu halten, äußert sich in einer mit großen Gefühlen verbundenen Selbstinszenierung. Da es sich aber um eine künstlich hergestellte Identität handelt, vergeht das Gefühl, authentisch und echt zu sein, so schnell, wie es gekommen ist. Es macht dann wieder dem Eindruck Platz, irgendwie unvollständig zu sein.

Aus dem Auf und Ab der extremen Gefühlslagen findet der VIERer nur heraus, wenn er einen gesunden Realismus entwickelt. Er muss sich fragen, ob es nicht doch das kleine Glück oder die kleine Traurigkeit auch tut. Befreiung heißt für VIERer, im Hier und Jetzt zu leben, zwischen den extremen Gefühlsaufwallungen eine Balance herzustellen. Echtheit und Authentizität lassen sich auch im „banalen" Alltag, im Kleinen und Unscheinbaren finden.

Typ 5: Beobachter, Denker, Sammler

Das für Menschen vom Typ 5 wesentliche Verhalten ist durch Distanznahme zu ihrer Umwelt geprägt. Dabei möchten sie sich hauptsächlich vor zu viel emotionaler Nähe schützen. Ihr Kontakt zur Umwelt findet quasi nur gefiltert statt. Als Filter setzen FÜNFer ein systematisierendes, Überblick verschaffendes Denken ein. Emotional berührende Erfahrungen halten sie sich vom Leibe, indem sie diese in größere Zusammenhänge eingebettet und somit lediglich theoretisch-analytisch betrachten. Neben dem hauptsächlich theoretischen Weltumgang brauchen die FÜNFer ihre Rückzugsgefilde, in denen sie für sich sein können. Sie hassen Aufdringlichkeit und Eindringlinge.

Allerdings bedeutet das distanzierte Weltverhältnis keine strikte Abkehr von der Welt. FÜNFer suchen nach Informationen, Gedanken und Theorien, die sie ihren Systemen und Gedankengebäuden einverleiben können. Dieser angehäufte Schatz dient dann als Schutzwall vor den andrängenden Erfahrungen, die sie berühren könnten. Bei manchen FÜNFern kann sich dies auch in einer Sammelleidenschaft für materielle Dinge äußern. Auch hier lässt sich Schutz vor Berührung finden.

Die **Leidenschaft,** die Menschen vom Typ 5 antreibt, ist der Geiz. Verständlich wird das, wenn man bedenkt, dass die Besitztümer, die die FÜNF hortet und um sich herum aufgestellt, die Zudringlichkeiten der Welt abwehren sollen. Würden sie von ihren Schätzen abgeben, so hieße das, den Schutz zu verlieren. Da sie keine Nähe zulassen wollen, geizen sie besonders mit ihrer eigenen Person. Sie bleibt in zwischenmenschlichen Beziehungen zwar höflich, aber unterkühlt und beobachtend.

Der **Abwehrmechanismus** der FÜNF ist Isolierung und Rückzug. Geraten sie in emotional aufgeladene Situationen, die ihren ruhigen Beobachtungsposten gefährden, ziehen sie sich zurück, verlassen den Raum oder hüllen sich in Schweigen. Danach treffen sie alle nötigen Vorkehrungen, um nicht mehr in eine solche Situation zu geraten. Da der Wunsch, ihre Gedankengebäude mit weiterem Wissen und mehr Informationen anzufüllen, sie der Welt immer wieder in die Arme treibt, lassen sich erneute Anlässe zum Rückzug kaum vermeiden.

Dem Dilemma, sich der Welt zuwenden zu müssen, um daraus das Wissen zu gewinnen, das vor ihr schützt, kann die FÜNF nur entrinnen, wenn sie sich von Erfahrungen berühren lässt. Dazu gehört in erster Linie die Annahme der eigenen Körperlichkeit. Lebendige Erfahrungen gewinnen Menschen vom Typ 5 nur durch eine authentische, geerdete Selbstwahrnehmung. Der Abstieg aus dem Elfenbeinturm beginnt mit der Beheimatung im eigenen Körper, im wahrsten Sinne des Wortes mit Inkarnation.

Typ 6: Skeptiker, Loyalist, Verteidiger

Das Lebensziel von Menschen des Typs 6 ist, Sicherheit zu bekommen, die sie in sich selbst nicht finden. Deshalb suchen sie sie bei anderen, bei einzelnen Personen, Gruppen oder Ideologien. Sie erwarten, dass diese eine durch Autorität abgesicherte Verlässlichkeit bieten. Normen, Gesetze und Vorschriften halten SECHSer deshalb auch penibel ein. Da aber Autoritäten grundsätzlich immer auch bezweifel- und angreifbar sind und keine absolute Sicherheit bieten können, ist die Loyalität der SECHSer stets von einem tiefen Misstrauen begleitet. Solange diejenigen, an die sie sich anlehnen, ihnen Sicherheit geben, lassen sich SECHSer gerne führen, passen sich hierarchischen Strukturen bereitwillig an und führen die ihnen anvertrauten Aufgaben zuverlässig aus. Haben sie ihren Platz gefunden, so erleben sie ihre gesicherte Position als bedroht durch jede Art von Veränderung. Diese Zerrissenheit zwischen bedingungslosem Anlehnungsbedürfnis und tiefem Misstrauen erklärt, weshalb die SECHS sowohl ängstlich anpassungsbereit als auch übertrieben wagemutig auftreten kann. Mitunter bekämpft die SECHS ihre Angst vor der stets drohenden Unsicherheit, indem sie sich vorbeugend in Gefahrensituationen begibt.

Dass die die SECHS antreibende **Leidenschaft** die Angst ist, lässt sich aus dem Gesagten bereits entnehmen. Sie entstammt dem Gefühl des Unbehausten, der Unsicherheit und Bedrohung, die SECHSer zwar in sich tragen, aber nach außen projizieren. Die Bedrohung, die sie aus ihrer Umwelt auf sich zukommen sehen, ist ihr eigenes Produkt. Ähnlich wie Menschen vom Typ 5 verstellen sich auch solche vom Typ 6 den Zugang zu sich selbst. Was dem einen die Welterklärung, ist dem anderen das Katastrophenszenario.

Der von SECHSern genutzte **Abwehrmechanismus** ist die Projektion. Sie sind Meister darin, von anderen kaum beachtete Kleinigkeiten zu Indizien für anstehende apokalyptische Schrecknisse zu stilisieren. Diese Verschiebung eigener Schwächen auf andere findet im Phänomen des Sündenbocks einen klassischen Ausdruck. Wird die Welt ständig auf Anlässe für mögliche Katastrophen hin beobachtet, kann die Sehnsucht nach Sicherheit und Geborgenheit natürlich nie gestillt werden.

Befreiung aus dieser Zwangslage erlangt die SECHS nur, wenn sie es lernt, auf sich selbst zu vertrauen, Autonomie zu gewinnen und sich von Autoritäten zu befreien. Allerdings sind gerade SECHSer selten in der Lage, sich autonom aus ihrer Fixierung zu lösen. Sie bedürfen einer Begleitung, die ihnen Vertrauen gibt, ohne für sie zur Autorität zu werden und ihnen somit Entscheidungen abzunehmen.

Typ 7: Optimist, Epikureer, Genießer

Menschen vom Typ 7 zeichnen sich dadurch aus, dass sie in ständig wechselnden Erlebnissen gesteigerten Genuss suchen. Deshalb tragen sie durch intensive Planung ihrer Aktivitäten Vorsorge, mit entsprechenden Genuss verheißenden Erlebnissen versorgt zu werden. Wenn sie Genuss und Freude auch wirklich empfinden können, so hetzen sie dennoch auch schon zum nächsten Erlebnis. Ihre größte Furcht ist es, in ein Loch zu fallen, in dem Schmerz und Leid auf sie lauern könnten. SIEBENer haben etwas von Kindern. Sie sind neugierig und verspielt, voller Energie und Begeisterungsfähigkeit. Das Leben ist für sie angefüllt mit Möglichkeiten, Freuden und Wundern. Dies strahlen sie auch aus. Meistens sind sie gut gelaunt und versuchen auch andere aufzuheitern.

Gerade die Schnelllebigkeit und die vielen Möglichkeiten, die sich ihnen bieten und alle wahrgenommen werden wollen, bergen auf Dauer die Gefahr, dass es zu einem nachhaltigen Genuss gar nicht mehr kommt. Es wartet bereits das nächste vielversprechende Event oder Abenteuer. Folge dieser Schnelllebigkeit ist auch, dass SIEBENer zwar aufrichtig daran interessiert sind, ihre Mitmenschen glücklich zu machen, bei ausbleibendem Erfolg aber auch schnell ihrer Wege ziehen.

Die **Leidenschaft,** die die SIEBEN antreibt, ist die Unersättlichkeit und Maßlosigkeit oder, in der klassischen Terminologie der Hauptsünden, die „Völlerei". Das Verlangen nach immer mehr ist Ausdruck der Furcht, in Situationen zu geraten, in denen nichts geschieht und sich negative Gefühle ausbreiten können. Aus Angst, etwas zu verpassen, gehen SIEBENer lieber auf drei Partys an einem Abend, als auf eine zu verzichten. Sie tun deshalb gerne mehrere Dinge gleichzeitig: telefonieren und fernsehen, ein Gespräch führen und in einer Zeitschrift blättern, essen und dabei etwas anderes erledigen.

Um einer möglichen Konfrontation mit Leid und Schmerz aus dem Weg zu gehen, haben SIEBENer den **Abwehrmechanismus** der Rationalisierung entwickelt. Das meint nicht, dass der erlebnisorientierte SIEBENer sich zum kühl überlegenden Theoretiker wandelt, sondern dass er sich die Fähigkeit angeeignet hat, aus etwas Unangenehmem noch etwas Positives zu machen. Ein beliebtes Argument ist beispielsweise, es ändere nichts an einer Gegebenheit, wenn man sich darüber gräme.

Aus dem Kreislauf, immer neuen Genussversprechen nachzujagen, nur um nach dessen Erfüllung wieder weiterzujagen, können SIEBENer nur befreit werden, wenn sie sich „entschleunigen" und lernen, dass weniger auch mehr sein kann. Ohne ihr positives Wesen einzubüßen, lernen sie, auch bei Schmerz und Trauer zu verweilen, ohne sie schönzufärben oder vor ihnen die Flucht zu ergreifen.

Typ 8: Führer, Boss, Beschützer

Menschen vom Typ 8 streben nach Eindeutigkeit. Sie können deshalb bedingungslos ihre Absichten verfolgen, die sie für die wahren und gerechten halten. Das verleiht ihnen einen robusten, kämpferisch-zielstrebigen und entschlossenen Charakter. Andererseits äußert sich ihr Wunsch nach Eindeutigkeit in einem Denken in Schwarz und Weiß; Menschen, mit denen sie in Beziehung stehen, werden somit schnell in Feind und Freund unterteilt. Die Ausdrucksweise von ACHTern ist direkt und neigt zum Deftigen bis hin zur gern genutzten Fäkalsprache.

Aufgrund dieser Entschiedenheit befinden sich ACHTer in einem ständigen Kampf um ihre Position. Deshalb finden in ihren Augen auch zwei Typen von Menschen Gnade: die verfolgte Unschuld und der ebenbürtige Gegner. Für sie ist der Kampf mit einem ebenbürtigen Gegner eine Art Anerkennung, ja, sie suchen darin sogar Nähe zu ihrem Gegenüber. Kompromisse zu machen, Entscheidungen zurückzunehmen und Fehler einzugestehen, ist ihre Sache nicht. Sind sie nicht in der Lage, in hierarchisch strukturierten Organisationen die Führungsposition einzunehmen, so neigen sie zur Rebellion. Hier können sie ihre Stärke im Kampf mit der etablierten Macht bewähren.

Die ACHTer antreibende **Leidenschaft** sieht das Enneagramm in der Schamlosigkeit, die Unkeuschheit in der Sicht der alten Sündenlehre. Dass darin keine Übertretung sexualmoralischer Vorschriften zu sehen ist, dürfte aus dem bisher Gesagten bereits ersichtlich sein. Gemeint ist vielmehr die aus unbedingtem Durchsetzungswillen und Entschiedenheit resultierende Rücksichtslosigkeit. Sie missachten die vom Gegenüber gezogenen Grenzen. Das ist die negative Seite der Medaille, auf deren anderen Seite der bewundernswürdige Einsatz für die eigene Sache steht.

Um alles, was ihr klar eingeteiltes Weltbild und ihre Entschiedenheit gefährdet, von sich abzuhalten, entwickeln ACHTer den **Abwehrmechanismus** der Verleugnung. Besonders auf die eigene Person bezogen schieben sie jeden Anflug von Schwäche oder Zweifel rigoros beiseite. So sehr sie sich mit aller Vehemenz für die verfolgte Unschuld einsetzen, verstehen sie es doch andererseits meisterlich, das verletzte Kind in sich zu verleugnen.

Von dem Zwang, in allen Lebensbereichen Stärke zeigen und der eigenen Position ihr Recht verschaffen zu müssen, können ACHTer nur befreit werden, wenn sie einen Zugang zu ihrer eigenen Schwäche finden. Das bedeutet, klein beigeben und auch einmal Kompromisse machen zu können. Leicht fällt dieser Weg den ACHTern nicht, weil ihnen alle Beschäftigung mit ihrem Innenleben als schwächliche Tatenlosigkeit gilt.

Typ 9: Friedensstifter, Mediator, Bewahrer

Was sich Menschen vom Typ 9 am sehnlichsten wünschen, ist Harmonie. Um nicht in Konflikte zu geraten, können sie ein erstaunliches Einfühlungs- und Anpassungsvermögen entwickeln. Da sie in Konfliktfällen häufig allen Seiten gerecht werden wollen, sind sie die idealen Vermittler und Friedensstifter. NEUNer wirken auf ihre Umwelt bescheiden und demütig. Ihr Hauptmotiv, sich nicht in den Vordergrund zu stellen, ist aber die Konfliktvermeidung. Wer eine herausgehobene Position einnimmt, ist bekanntlich leicht angreifbar. Dem wollen NEUNer aber mit allen Mitteln aus dem Wege gehen.

Ihre Konfliktscheu bewirkt bei NEUNern aber auch, dass sie sich schwer tun, Position zu beziehen und Entscheidungen zu treffen, die keine allgemeine Zustimmung finden. Alles, was Disharmonien, Ärger und Streit verursachen kann, schieben sie von sich weg und auf die lange Bank. Hinter der Gabe, beruhigend, ausgleichend und versöhnend zu wirken, lauert die Gefahr der Gleichgültigkeit und der Apathie.

Die **Leidenschaft,** die den NEUNer prägt, ist die Trägheit. Diese Antriebsschwäche ist eine Folge der Angst, durch Engagement sich zu sehr zu profilieren und dadurch Disharmonien zu erzeugen. Deshalb schätzt er es, wenn alles so bleibt, wie es ist, und in den gewohnten Bahnen verläuft. In diesem Rahmen ist er durchaus willig, seine Aufgaben zu erledigen. Was NEUNern völlig abgeht, ist Initiative. Sie müssen zum Jagen getragen werden. Bei unvermeidlichen Konflikten verfolgen sie entweder die Strategie des Aussitzens oder der Flucht. Man kann von ihnen dann Äußerungen hören wie „Immer mit der Ruhe! Das wird schon wieder" oder „Dafür bin ich nicht zuständig. Das müsst ihr entscheiden".

Im Abwehrmechanismus des NEUNers, der Betäubung, findet der Wunsch, mit Konflikten in Ruhe gelassen zu werden, seine Entsprechung. Wenn auch der Griff zu Drogen bei NEUNern vorkommt, so ist ihr bevorzugtes Mittel, die ersehnte Ruhe zu finden, der Schlaf. Schlaf ist der ideale Zufluchtsort, wenn einem das Leben zu anstrengend und zu fordernd wird. Den Drang zum Rückzug darf man allerdings nicht als einen zur Isolation missverstehen. NEUNer möchten mit anderen Menschen in Harmonie leben.

Der Tendenz zu Apathie und Gleichgültigkeit können NEUNer nur dann entgegenarbeiten, wenn es ihnen gelingt, einen Standpunkt einzunehmen. Dieser ermöglicht es ihnen, Prioritäten zu setzen und sich zu engagieren. Allerdings ergibt es wenig Sinn, so etwas von ihnen zu fordern, da sie Konflikte wittern und ihre Abwehrstrategien aktivieren. NEUNer brauchen für ihre Entwicklung ein sie unterstützendes harmonisches Umfeld.